NOTICE

SUR

MADAME DESPREZ

Présidente de l'Association des Institutrices

REVUE ET APPROUVÉE

PAR

MGR D'HULST

Prélat de la Maison du Pape
Vicaire général
Recteur de l'Institut Catholique.

PARIS
IMPRIMERIE F. LEVÉ
17, RUE CASSETTE, 17

1892

NOTICE

SUR

MADAME DESPREZ

Présidente de l'Association des Institutrices

REVUE ET APPROUVÉE

PAR

MGR D'HULST

Prélat de la Maison du Pape
Vicaire général
Recteur de l'Institut Catholique.

PARIS

IMPRIMERIE F. LEVÉ

17, RUE CASSETTE, 17

1892

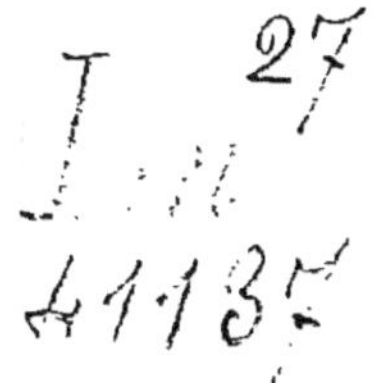

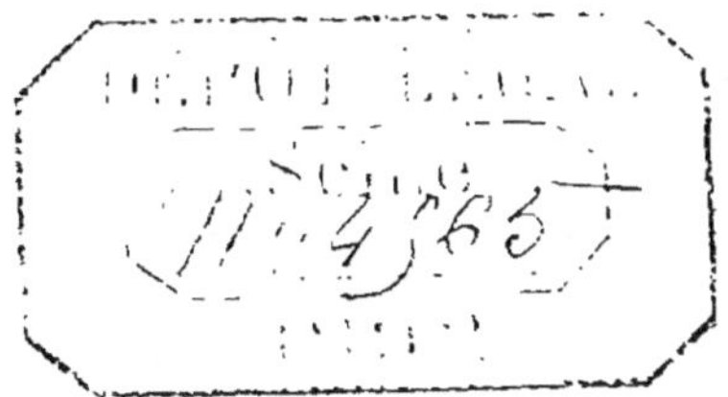

NOTICE SUR

MADAME DESPREZ

Née le 27 août 1811, Madame
Desprez, fille du général de Lestein-
Schneider (1) qu'elle perdit tout
enfant et belle-fille du général du
Rocheret (2) que sa mère épousa en
secondes noces, fut mise à cette
époque à la maison de la Légion
d'honneur de Saint-Denis. Ce fut
son premier grand chagrin que cette
séparation de la famille; son attache-
ment pour les siens se manifesta

(1) Le général de Lestein-Schneider, chevalier
de la Légion d'honneur, décédé chef d'état-major
de la cavalerie de la garde impériale.
(2) M. le comte du Rocheret, maréchal de
camp, lieutenant général.

par une douleur extrême, accablante, qu'elle se rappelait encore dans sa vieillesse ; elle ne se résigna que lorsque sa mère lui eut fait comprendre la nécessité de cette décision. Ce trait distinctif de son caractère, la raison unie à la sensibilité, on le retrouvera souvent soit dans ses paroles, soit dans ses actes : « Mon Dieu ! gémit-elle, que les gens raisonnables sont rares ! » Elle écrit avec peine une autre fois : « Les santés sont bonnes, mais le reste noir ; la raison est absente des conduites. » Et ailleurs : « Ne rien faire avec passion, parce que la passion je viens de l'entendre dire à M. l'abbé d'Hulst (1), est toujours injuste envers Dieu, soi ou les autres. » — « Je l'aimerais mieux

(1) Aujourd'hui Mgr d'Hulst, prélat de la maison du Pape.

triste et victime que légère, » disait-elle d'une jeune fille à laquelle elle s'intéressait.

C'est à Saint-Denis qu'elle reçut les premiers enseignements de la religion ; son ignorance était grande sur ce point, aussi souffrait-elle de rester muette devant les interrogations auxquelles ses compagnes répondaient sans peine. Elle fit sa première communion dans cette maison et y puisa les pensées religieuses qu'elle emporta dans sa famille, et auxquelles sa mère dut certainement le bonheur de faire sur son lit de mort sa première communion. Excellente communion ! dit le prêtre en sortant de la chambre de la malade. L'enfance de sa mère s'était passée à cette triste époque de la Révolution où l'église était fermée.

Dans son milieu, on s'intéressait

aux choses de l'esprit, on lisait en famille les lettres de Madame de Sévigné ; la jeune Mlle de Lestein-Schneider aimait ces lectures et s'assimilait le meilleur de tout ce qu'elle entendait. A son insu, son style prit quelque empreinte de celui de la spirituelle marquise, on trouve dans ses lettres plusieurs passages dignes de Madame de Sévigné. Faisant, par exemple, la description d'une sacristie un jour de mariage, elle s'écrie : « Quelle cacophonie de joies ! » Il me semble écrit-elle une autre fois, que ma santé se porte bien : pourquoi me faites-vous une querelle de ne vous en rien dire ? Je ne parle jamais de ces choses-là : c'est du temps perdu. » A côté des idées enjouées se trouve toujours une réflexion sérieuse, et si la note gaie est parfois dans Madame

Desprez à l'égal de Madame de Sévigné ce n'est jamais d'une façon
piquante, sa charité ne le lui eût pas
permis.

Grâce, dignité, bonté, unies à
une beauté remarquable, à un esprit
droit, élevé et pratique à la fois,
telle était Mlle de Lestein-Schneider.
Elle ne songeait pourtant pas à se
marier, car deux fois la fortune de sa
famille s'était écroulée, et, elle igno-
rait qu'elle possédait bien plus que
la richesse : une belle intelligence
et un grand cœur. Elle ne tarda pas
cependant à être remarquée par
M. Desprez, notaire à Paris, qui
était veuf et père de trois filles, dont
l'aînée, déjà mariée, devait devenir
sa meilleure amie ; les deux autres
étaient encore enfants. Elle accepta
cette mission et se voua à l'éduca-
tion de ses belles-filles avec le dé-

vouement et la vigilance d'une mère. Elle avait alors vingt-trois ans.

Dans cette nouvelle condition commença pour Madame Desprez une nouvelle vie, celle de la femme chrétienne, de la femme forte, faisant face à tous ses devoirs. Epouse dévouée, maîtresse de maison ferme et intelligente, femme du monde accomplie, joignant à une haute distinction le charme qui attire et la dignité qui impose, elle entoura constamment son mari d'affection et de dévouement, et, plus d'une fois, son esprit pratique et juste dut lui être utile.

Portée par sa charité à travailler aux bonnes œuvres, elle s'occupa à Paris avec une grande activité d'une quête annuelle à laquelle ses relations étendues lui permirent de

donner un grand développement;
à Chatenay, maison de campagne de
la famille, elle se donna à l'œuvre
des pauvres malades ; et qui pour-
rait dire le nombre de déshérités
qui la virent à leur chevet et lui du-
rent les uns la santé, les autres la
réconciliation avec Dieu ? Son zèle
au dehors ne la détournait en rien de
ses autres devoirs ; les domestiques
eux-mêmes étaient l'objet de sa
vive sollicitude, il est touchant d'ap-
prendre quels expédients ingénieux
lui suggérait sa piété pour leur faci-
liter l'observance des lois de l'Eglise.

Un fils avait été donné à Madame
Desprez le 2 février 1836. Educatrice
parfaite, mère forte, elle en fit un
jeune homme accompli ; mais, hélas!
ce fils qui dépassait toutes les espé-
rances lui fut enlevé à l'âge de
vingt et un ans. Auditeur au Conseil

d'Etat, il avait reçu du président de sa section une mission en Algérie : c'est en visitant des terrains nouvellement défrichés qu'il prit la fièvre pernicieuse dont il devait mourir. Elle attendait son retour lorsqu'on vint lui annoncer à Chatenay que, gravement malade, il avait dû s'arrêter à Marseille. Elle partit immédiatement. Il expira au troisième accès de fièvre le 15 novembre 1857, pendant que sa mère s'était retirée dans la chambre à côté pour lui laisser prendre quelque repos, comme il ie désirait. La douleur de Madame Desprez fut inexprimable, elle en fut brisée. Dieu seul avait permis cette épreuve, Dieu seul pouvait la consoler. Madame Desprez le comprit et c'est à l'église qu'elle passait la plus grande partie de ses journées après ce terrible événement. Dieu lui fit alors sentir sa présence sensible ; elle put dire plus tard qu'à cette époque de sa vie, lorsqu'on venait la chercher à l'église, il lui semblait qu'elle venait d'arriver.

L'abandon complet, entier, à Dieu comme à son seul refuge dans une si extrême douleur, fut dès lors la pratique habituelle de Madame Desprez ; elle revient souvent sur ce point dans ses lettres : « Confiance en Dieu, écrit-elle après une mort subite ; abandonnons-nous à Jésus-Christ. Pauvres créatures que nous sommes ! que pouvons-nous faire autre chose que cela ? Notre Dieu est puissant : ne connaissait-il pas d'avance les larmes brûlantes que la douleur et l'incertitude devaient vous faire répandre ? Et d'avance n'a-t-il pas résolu d'y faire droit ?... C'est la meilleure et la plus grande ressource de chercher à prendre Notre-Seigneur par son faible en l'appelant notre unique ressource, notre unique Sauveur. Essayez de cela, vous vous en trouverez bien soulagée... » Et après la mort d'une jeune fille enlevée l'année de sa première communion sans avoir reçu les sacrements qu'elle avait en vain demandés : « Remerciez Dieu, écrit-elle, d'avoir pris cette petite enfant qui est peut-être allée tout droit au ciel. Une année de première communion, Notre-Seigneur a ses desseins : courbons-nous. J'ajoute que quelquefois, vis-à-vis de semblables morts, il administre les derniers sacrements lui-même, en conférant toutes les grâces aux âmes si pures et de son choix. » Et ailleurs : « Prions et espérons, nous ne ferons jamais assez l'un et l'autre, ce sont les deux rames, les deux voiles qui doivent nous conduire au port et nous y faire retrouver ceux qui nous y ont devancés. Je vous laisse avec cette infinie miséricorde. »

En 1868, un nouveau malheur vint la frapper : elle perdit son mari (1) qu'elle n'avait cessé d'entourer de l'affection la plus intelligente, la plus soumise et la plus dévouée. Puis ce fut le tour d'un vieil oncle dont elle avait abrité les derniers jours sous son toit.

Dieu savait bien ce qu'il faisait en accablant sa servante sous ces coups répétés, achevant de la détacher du monde en même temps qu'il la rendait habile à consoler la souffrance. « Croyez à ma doulou-

---

(1) M. Desprez, notaire à Paris, plusieurs fois président de la Chambre des Notaires et doyen de la Compagnie, commandeur de la Légion d'honneur.

reuse expérience, » pouvait-elle dire plus tard. Elle parlait du sentiment pénible que lui causait toujours le dénouement de la vie. « La mort ! oh oui, triste chose ! » disait-elle. Mais si elle l'était émue devant la maladie et la mort, devant l'agonie, elle l'était bien plus par la pensée des destinées éternelles de ceux qui allaient paraître devant Dieu ; là où il y avait réel danger, elle ne comprenait pas qu'on n'agît pas avec un zèle prudent, mais sans bornes. On ne saurait dire le nombre de morts chrétiennes qui lui sont dues : pauvres et riches la voyaient également, appelant par ses ardentes prières la grâce de Dieu pour le salut de leurs âmes.

Elle écrivait à une personne dont le père se mourait, quelques jours avant la terrible séparation : « Je n'ose demander si on a parlé, je le désire de tout mon cœur. Vous avez fait tout ce que vous aviez à accomplir et cela à coups de dévouement et de fatigue ; je ne sais ce qu'il vous reste à faire, mais ce doit être accablant !... » Et la semaine qui suivit la disparition de ce père aimé : « Plus je pense aux événements de la semaine dernière, plus j'y trouve d'espérance et de consolation. »

Une personne de sa famille, pour qui elle avait une particulière affection, venait d'être frappée d'une terrible maladie. « Je n'ai pas dormi de la nuit, » disait Madame Desprez ; et elle ne cessa d'être profondément triste de l'état de santé de cette personne aimée.

Ce fut à l'époque de la mort de son oncle que Madame Desprez

abandonna la maison de Chatenay
dont elle avait la jouissance pour se
retirer au couvent de la Retraite.
pour faire plus de bien, elle renon-
çait non seulement au luxe qui suit
la fortune, mais encore à ses souve-
nirs les plus chers, car à chaque pas,
dans cette maison, elle retrouvait
pour ainsi dire l'empreinte de ce fils
tant et si justement aimé.

La R. M. Dambuent, qui était à
cette époque supérieure du couvent
de la Retraite, l'accueillit avec joie.
La sympathie de Madame Desprez
fut grande pour cette Révérende
Mère, et lorsque, affaiblie par l'âge,
elle se retira à Paray-le-Moinal, Madame Desprez choisissait ce lieu
pour y faire sa retraite annuelle.
Cette sympathie, Madame Desprez
l'éprouvait également pour celle
qui, depuis, a été appelée à prendre

la direction générale des Dames du
Cénacle ; quand il s'agissait d'une
mission délicate, cette Révérende
Mère s'adressait toujours à Madame
Desprez. Les religieuses qui ont
travaillé journellement avec elle
pour l'œuvre, ne peuvent assez dire
ce qu'elles trouvaient de charme et
de profit dans leurs rapports avec
une personne si saintement dévouée.

Madame Desprez s'installa à la
Retraite dans deux modestes cham-
bres. Sa décision ne pouvait étonner
que ceux qui ne la connaissaient
pas. Lorsque son mari vivait encore,
une personne avait été saisie de vé-
nération en l'entendant dire un jour
avec un profond accent de vérité.
Moi, si je perdais ma fortune, je me
mettrais balayeuse des rues, si telle
était la volonté de Dieu. » Sous la

direction du R. P. Pététot, supérieur de l'Oratoire, en qui elle avait la plus grande confiance, elle courut plutôt qu'elle ne marcha dans la voie de la perfection. Lui-même a dit : «qu'il n'avait point connu d'âme en qui la grâce ait agi plus puissamment. » Quel témoignage que celui de ce saint qui, vivant de la seule vie de la grâce, ne voyait en tout que Dieu et les âmes.

La vie de Madame Desprez fut désormais une vie toute d'abnégation, de travail pour Dieu, *d'oubli absolu d'elle-même*. Cette abnégation de soi-même pour songer aux âmes, elle la conseillait aux autres : « Ce travail vous comptera pour le ciel, c'est ce qu'on appelle un travail pour Dieu. » — « Notre-Seigneur veut que vous fassiez le bien et je le veux de même. » En adressant une jeune fille à une personne qui pouvait lui être utile : « Dieu aidant, j'espère qu'il vous est réservé de lui faire du bien. » Elle écrivait encore: « Vous reposer est votre devoir du moment, les autres lui sont inférieurs, autrement vous tomberiez comme une pauvre bête de somme. Après, le Paradis, ce qui serait bien bon pour vous; mais les autres que vous oubliez, que feront-ils alors ? Soyez donc prudente et raisonnable. » On reconnaît là ce double caractère de raison et de zèle pour les autres qui rendaient ses conseils si précieux.

Madame Desprez s'appliqua dès lors aussi à tout sacrifier au devoir sans rien accorder à la nature et à vaincre toutes les délicatesses par l'arme décisive de l'humilité et de la mortification. Elle se traça un règlement de vie simple et sévère, conforme à l'esprit du Tiers-Ordre de saint François dont elle avait voulu faire partie. Toute la journée était consacrée au travail, travail sans relâche pour Dieu et pour le prochain. Elle devait se lever à 5 heures du matin et jusqu'à sa mort, c'est-à-dire jusqu'à l'âge de 79 ans, elle observa cette prescription rigoureuse. Une heure était réservée à la méditation, puis venait l'assistance au saint sacrifice de la messe avec la communion quotidienne. Ses repas étaient ceux des retraitantes, jamais elle ne voulut se permettre d'y rien changer, ni se plaindre de quoi que ce fût. Enfin les pratiques de mortification n'étaient pas oubliées. Dans son ingénieuse humilité, Madame Desprez remplissait elle-même les plus humbles offices.

Dieu et le prochain! voilà le secret de toutes les actions qui ont rempli sa longue et belle existence. Déjà depuis plusieurs années elle s'était adonnée à l'œuvre des hôpitaux qui amène auprès du lit des pauvres malades de courageuses et charitables chrétiennes, aussi soucieuses d'adoucir les souffrances corporelles que d'assurer aux âmes les secours de la religion ; en même temps elle s'était enrôlée dans l'Œuvre des faubourgs et dans celle des Dames de Sainte-Geneviève.

Mais une autre œuvre, à laquelle la Providence le destinait, devint l'objet de sa sollicitude et d'un travail multiple. Cette œuvre fondée en 1839 par une institutrice et par M. l'abbé Faudet, curé de Saint-Etienne-du-Mont, avait pour but de réunir dans une association les jeunes filles vouées à la difficile mission de l'enseignement. Après bien des vicissitudes, le siège de cette œuvre avait été transféré de la maison des Dames de Saint-Thomas-de-Villeneuve à la maison des Dames du Cénacle, rue du Regard. A la mort de Mlle de Fontenay, qui déjà avait fait beaucoup de bien à l'association, le R. P. Pététot, à qui on s'adressa pour avoir une Présidente, songea pour la remplacer à Madame Desprez, veuve depuis peu de temps. Elle accepta par obéissance à la volonté de Dieu, et voua bientôt toute son existence à la direction de cette œuvre si importante. Elle y apporta à la fois des lumières et un dévouement qui donnèrent à l'association une nouvelle impulsion ; elle en étudia les origines et par son habile administration elle en accrut les ressources ; le nombre des associées, bientôt triplé, atteignit 600. Le côté moral et spirituel attira surtout sa vigilance ; elle procura les secours religieux à ses chères associées, fonda une maison de famille ; des repas au couvent purent être pris par chaque associée ; chaque soir elle réunit chez elle les jeunes filles en vacances ou en disponibilité et se montra constamment à leur égard pleine de sollicitude et de bonté.

Dix ans avant sa mort, elle s'arrêta cependant pour considérer si cette œuvre était vraiment pour elle dans l'ordre de la volonté divine. N'avait-elle pas d'autres devoirs plus sacrés et plus pressants à remplir ? De nouveaux vides s'étaient faits dans sa famille. Une jeune femme douée des dons les plus brillants et les plus solides, venait d'être enlevée en quelques jours à l'amour incomparable de son mari, après une mort digne d'une chrétienne des premiers temps du christianisme. La présence de Madame Desprez n'était-elle pas plus utile au foyer de son petit-fils que dans le salon des institutrices? Toujours défiante de son jugement propre quand il s'agissait d'elle-même, elle soumit la question au saint prêtre dont elle appréciait si vivement les lumières. Le R. P. Pététot trancha la question en lui faisant remarquer qu'auprès des jeunes enfants il y avait une autre grand'-mère qui s'occupait d'eux avec sollicitude; et il ajouta que tant qu'elle aurait des forces, elle devait rester à son poste. Elle n'en resta pas moins à la disposition de la famille de son mari : un seul mot, et elle quittait tout pour se rendre auprès d'eux.

Des centaines d'institutrices continuèrent donc à profiter de ses précieux avis ; et quels conseils affectueux elle savait dispenser à toutes celles qui venaient à elle ! Jamais d'avis que n'eût préparés la réflexion, jamais de décision qui n'eût été mûrie au pied du tabernacle ; c'est ce qui lui permettait ensuite de parler et d'agir sans hésitation (1). Elle ne tenait aucunement à son idée propre. La foi forte qui l'animait inspirait ses paroles et son union habituelle à Dieu lui communiquait une lumière, une autorité qui imposaient : c'étaient de vrais conseils de direction. C'est avec un sentiment de calme et de paix qu'on relit les pré-

(1) Elle songea, dès cette époque, à assurer la continuation de son œuvre en désignant à l'avance une personne digne de la remplacer : Madame Fayolle dont elle avait apprécié l'esprit chrétien.

3

cieuses leçons qui abondent dans ses lettres. Comme elle enseignait bien la confiance et l'abandon à Dieu. « Prions l'une pour l'autre, dit-elle dans une de ses lettres, ainsi que pour nos missions respectives et bien difficiles à mettre à exécution. Dire *impossible* ne serait pas chrétien, la confiance en Dieu devant surgir dans le cœur des enfants de Dieu par dessus tout. » Oh! comme ce que vous dites est vrai, dit-elle encore. que Dieu fait notre ouvrage quand nous nous occupons du sien! Et c'est s'en occuper de la meilleure sorte lorsque nous faisons le sacrifice de notre humeur et de notre volonté.

Et ailleurs elle dit encore dans le même sens : « Le possible, c'est pour nous, c'est nous qui, avec la grâce de Dieu, l'accomplissons; mais l'impossible, c'est Dieu qui se le réserve pour nous étonner, nous écraser de sa bonté, de sa divine miséricorde en nous en gratifiant. Pensons toujours bien haut, espérons l'impossible, puisque rien n'est impossible à Dieu, et élevons notre confiance à la hauteur de nos sentiments. » Et dans une autre lettre : « Laissez les affaires, dit-elle, vous n'y pouvez rien dans le moment où vous vous en tourmentez, ce qu'il ne faudrait jamais faire pour n'importe quelle croix que Dieu nous donne à porter, fût-ce la plus lourde. Souffrir, c'est bien, se tourmenter, se passionner, s'agiter, c'est toujours mauvais. »

Cette espérance avait sa source dans la foi profonde de Madame Desprez ; elle y revenait sans cesse : « Allons, ne vous tourmentez pas trop, devenez philosophe à l'endroit des vôtres, ce sera un grand miracle que Dieu accomplira en vous si vous l'y aidez. »

C'est surtout dans les rapports de l'âme avec Dieu qu'elle veut la confiance : « Ne vous découragez pas quand vous tombez, c'est la doctrine des saints : se relever allégrement, au plus vite, et reprendre sa course comme devant. » — « Recueillez-vous dans votre âme et vivez-y de foi ; plus d'inquiétude, acceeptz tout avec patience et aveuglement de la main de Dieu. » — « Marchez toujours à l'exemple des Mages, même quand la lumière faiblit. » — « Marcher à la lumière de la vie éternelle, dit-elle encore, c'est la foi vive, lumineuse, celle des privilégiés ; après un long temps qu'on appartient à Dieu, il nous ôte le lait des consolations et trop souvent la foi

reste obscure et c'est très douloureux d'en arriver là, mais c'est plein
de mérite pour l'âme s'abandonnant
ainsi comme un enfant aux bras ma-
ternels, aux desseins bien souvent
incompris de la Providence. » Et
ailleurs : « Dieu seul arrive au cœur
blessé. »

De tels accents ne font-ils pas
penser à Madame Swetchine, cette
âme d'élite, lorsque parlant, elle
aussi de la confiance qu'éprouve
l'âme chrétienne dans l'épreuve, elle
s'écriait : « Nos larmes, c'est le breu-
vage qui, avec le pain de la parole,
suffit à nos nécessités de chaque
jour : nos larmes versées dans le
sein de Dieu. Que seroins-nous sans
elles? Heureux ceux qui pleurent!
heureux quand le regard du Sei-
gneur vient traverser leur œil inondé,
heureux quand sa main vient l'es-

suyer ! » — « Quand on s'est quitté pour ne plus se reprendre, » dit quelque part Madame Swetchine. Ce mot ne peint-il pas l'état d'âme qui était celui de Madame Desprez ?

Cette vie en Dieu, ce regard sans cesse tourné vers le ciel, la rendait clairvoyante dans les affaires temporelles, pleine de sagesse et de sens pratique : « Prenez garde à l'exagération, écrit-elle, ne prenez aucun parti avant que nous ayons causé. » Elle voulait qu'on apportât de la prudence même dans le zèle le plus élevé ; à propos d'une vocation religieuse : « N'ouvrons pas de force, dit-elle, avec nos tristes doigts humains, les boutons de ces chères fleurs que Notre-Seigneur désire voir s'épanouir librement et saintement dans son jardin. » — « Quand on veut se faire religieuse, dit-elle

encore, quand on se croit appelée
de Dieu, on doit faire une retraite
d'élection dans laquelle Notre-Seigneur parle à ses épouses privilégiées
et leur dit ses desseins sur les âmes. »
Et une autre fois : « Ne touchons
jamais à l'arche sainte, nous pour-
rions offenser Dieu sans le savoir. »
On voit quelle haute idée Madame
Desprez se faisait des vocations religieuses, aussi disait-elle : « Je ne
comprends pas qu'une religieuse
fasse la part de l'amour-propre. »
L'amour-propre lui semblait une
triste chose dans toute vie chrétienne.

L'humilité dans sa propre vie fut
le point important. « Avec vous,
écrivait-elle, je prends la résolution
d'être bien et toujours humble ; là
seulement se trouvent la lumière, la
paix et le contentement que nous

pouvons procurer à Dieu. » La bonne opinion qu'on avait d'elle la faisait souffrir. Un jour qu'un prêtre avait apprécié la beauté de son âme, elle alla se confesser à lui, accusant un ancien péché qu'elle s'imaginait très grave pour *le remettre dans le vrai*. Elle ajoutait : il a été bien étonné. Jamais elle n'aurait songé qu'il était étonné seulement d'une telle humilité.

Elle écrivait des lettres de regret lorsque, dans une conversation (où jamais elle ne parlait que pour décider les autres au bien), elle croyait avoir blessé la charité. Elle semblait se mettre au même rang que ceux qui avaient des torts, disant qu'elle aussi en avait, pour amener au repentir. Du reste elle pratiquait largement le pardon des injures oubliant non seulement les torts qu'on avait eus envers elle, mais, chose plus difficile, ceux qu'on avait pu avoir envers les êtres qu'elle aimait. On en trouverait plus d'un exemple dans sa vie. Une personne que Madame Desprez avait exhortée mais qui n'arrivait pas à oublier sans restriction, vint la voir un jour que, malade, elle souffrait beaucoup. Tout émue de son état : « Peut-être souffrez-vous pour expier à ma place, dit la visiteuse. — J'y ai déjà pensé, » répondit Madame Desprez.

Le manque de vérité dans une vie chrétienne la peinait beaucoup aussi et empêchait sa confiance. Chez elle, tout était *vérité absolue dans les rapports*, d'où, son attrait pour les personnes vraies. Dans Madame de Sévigné on trouve : « Rêvez à ce mot une personne *vraie :* de la manière dont je l'entends, je lui trouve une force au delà de la signification ordinaire. » Madame Desprez l'entendait ainsi. En parlant de la mort d'un noble vieillard, élevé dans le mépris des choses chrétiennes, et, revenu à Dieu à la dernière heure elle disait : « Dieu a préparé cette âme droite et loyale. »

Tous ses instants étaient pris par un travail assidu : courses, démarches utiles, lettres si nombreuses que, malgré une facilité extraordiuaire pour écrire, elle en était surmenée. Le travail excessif, comme la souffrance extrême, la trouvait toujours calme, voyant en tout la volonté de Dieu ; et pourtant elle disait : « Dans le ciel on ne se pressera plus, ce que je trouve un supplice, » et elle ajoutait, « on y sera réunis et heureux, ce qui n'arrive guère sur terre. »

La grande bonté de Madame Desprez ne la rendait pas faible à l'égard de ses chères associées. Elle trouvait qu'on ne devait pas transiger avec le devoir ni avec le principe de l'autorité. Elle savait éviter toute partialité et se ranger toujours au parti du bon droit, qu'il se trouvât du côté des institutrices ou des familles où elles étaient placées ; elle était vigilante et énergique au besoin, ferme et sensible.

Les douleurs physiques et morales de toutes sortes excitaient une tendre compassion dans son âme si charitable : non contente de les soulager du cœur et de la bourse, avec quelle délicatesse elle faisait prodiguer tous les soins nécessaires, conduisant elle-même les personnes souffrantes aux consultations, assistant aux opérations, venant s'asseoir au chevet des malades pour leur rendre force et courage, et, se réservant souvent de payer des honoraires trop considérables pour une institutrice. Elle donnait avec discernement, mais avec une telle générosité que, dans les dernières années de sa vie, un jour qu'elle n'avait pu faire un don aussi complet qu'elle l'aurait voulu, elle le disait avec tristesse à une personne amie, en ajoutant : « Je ne le peux pas... je n'ai pu m'acheter une robe cette année... »

Elle voulait qu'on prît soin de la santé, non qu'elle ne réprouvât des soins exagérés ; mais elle trouvait bon de rendre le corps capable d'être un instrument au service de l'âme. Craignant qu'on oubliât ce point, elle y revenait souvent : « Que Dieu vous garde ! Ne vous exténuez pas ;

priez pour moi pour que je fasse
une bonne retraite. A vous dans le
cœur de Jésus. » Et ailleurs : « Je ne
ris pas de votre genou. J'ai peur que
ce ne soit un épanchement de syno-
vie, ma mère en avait gagné un en
faisant un faux mouvement. Je crois
le vésicatoire prompt remède pour
retirer les sérosités répandues où il
ne faut pas : faites pour le mieux et
Dieu fera le reste. Je compte aller à
votre réunion ; vous m'y tirez par le
genou. » Et encore : « Je vous demande en grâce de ne pas professer
demain, si votre voix est trop prise et
votre gosier douloureux : ce serait
risquer de vous donner une fluxion
de poitrine, ce qui serait bien, bien
grave. Vous êtes si épuisée par votre
vésicatoire, et aux prises avec la
fièvre que, votre sang ne demande
pas mieux que de se précipiter sans

ordre et que de mal faire. Je voudrais aller vous voir, mais je suis un peu enrhumée, de sorte que je reste par devoir et pour vous donner le bon exemple. »

Lorsqu'elle se disait un peu souffrante, on pouvait être sûr qu'elle était malade, car cette âme si dévouée pour tout ce qui touchait les autres, n'était guère sensible à ses propres malaises ; elle en parlait avec le détachement joyeux qui est le propre des saints.

En 1871, au milieu d'un accès de fièvre, telle que le danger semblait imminent, elle voyait son état et, parlant tout haut, elle disait avec un accent impossible à rendre : « Oh ! non, je ne crains pas Dieu. »

Excepté ceux qui l'approchaient, tout le monde ignora le danger qu'elle courut, et cela pendant plusieurs années. Elle s'évanouissait aussi quelquefois ; non seulement elle n'en parlait pas, mais elle défendait qu'on en parlât. Elle répondait à une lettre où l'on s'informait de sa santé : « Pour vous tenir en repos, je n'ai pas la fièvre heureusement » ; et, changeant aussitôt de sujet : « Venez directement à la Louvesc où nous respirons l'air le plus pur, quand il n'y a pas d'orage. »

Le péché même ne la rebutait pas lorsqu'elle voyait l'espoir du repentir ; il y aurait des révélations extraordinaires à faire sur ce sujet, si la discrétion n'imposait une entière réserve.

La privation de la raison attirait également sa charité, plusieurs de ces pauvres déshérités furent entourés par elle de soins touchants. Une personne dont la raison revenait par instants, lui dit, dans un moment lucide, qu'elle désirait recevoir l'absolution. Elle courut chez le vénérable M. Hamon, curé de Saint-Sulpice, qui, malgré son âge et la grande distance, partit à pied, comme toujours, pour réconcilier le pauvre malade avec Dieu. Ceux qui travaillent pour Dieu, ne comptent pas leur peine, ils ne voient que les âmes à sauver.

Au milieu de ces occupations multiples, de ce soin perpétuel du bien des autres, on comprend qu'elle ne trouvât point de temps à donner au monde, où elle avait tenu autrefois une place si brillante. Étant momentanément dans un milieu animé : « Ma vie, écrit-elle, est engagée d'une manière inaccoutumée dans le mouvement mondain qui m'apparaît comme à une morte tandis que je dois lui sembler comme une trépassée... Je n'ai rien à regretter car je reçois la Sainte Communion tous les jours. » A Courcelles, dans la famille de son mari où elle allait tous les étés, elle trouvait moyen de donner cours à sa charité ; elle apportait des étoffes et faisait travailler tout le monde au profit des enfants pauvres. Elle allait elle-même distribuer ces vêtements avec une bonté charmante qui doublait le prix de ces bienfaits. A la fin de sa vie elle voulut assister à un somptueux repas qui se donnait dans sa famille pour une circonstance solennelle ; elle en revint disant qu'elle n'avait plus sa place dans le monde et qu'elle n'y retournerait jamais.

Elle ne disait que trop vrai ; peu

après elle était emportée par une courte et terrible maladie (une albuminurie foudroyante). Le jeudi elle avait assisté au salut, le dimanche à 1 heure, elle n'était plus. Mgr de Caux était à la retraite le jour où Dieu la rappela à lui, il voulut la voir, lui parla de l'abandon à la volonté de Dieu : « Oh ! dit-elle, je suis complètement abandonnée à Dieu ! ». Le dimanche, de grand matin, après avoir demandé et reçu l'Extrême-Onction, elle revit le petit-fils de son mari en qui elle avait une entière confiance et qu'elle aimait d'une affection particulière. Il s'était associé à son œuvre en donnant des conseils éclairés à toutes les institutions qui en avaient besoin pour leurs affaires temporelles. C'est à lui qu'elle transmit ses dernières volontés, sûre qu'elles seraient ponctuellement exécutées.

Elle fut oublieuse d'elle-même jusqu'à la dernière heure. En proie à des souffrances cruelles qui lui arrachèrent cette parole : « Comme on souffre pour mourir ! » elle songeait au vide immense que sa mort allait creuser dans la vie d'une personne dont elle avait bien voulu dire « C'est la sœur de mon âme. » Elle s'inquiétait de ne pas la voir venir (cette personne arriva vingt minutes après sa mort), elle aurait voulu la consoler elle-même et disait à ceux qui l'entouraient : « Consolez-la, fortifiez-la. »

Elle repose à Châtenay auprès de sa mère, de son mari, de son fils. Après une vie si belle, elle pouvait écrire avec vérité dans son testament ces paroles qui achèvent de peindre ce noble cœur : « Je meurs en union de charité avec tous mes frères du genre humain. » N'y a-t-il pas lieu d'espérer que, s'endormant ainsi dans la charité, elle se sera réveillée dans le sein de Celui qui est lui-même amour et charité?

Prions, prions pour elle, nous tous qui l'avons connue ; prions prions avec elle et efforçons-nous de l'imiter !

PARIS. — F. LEVÉ, IMP. DE L'ARCHEVÊCHÉ, 17, R. CASSETTE